Campen für Einsteiger

Die besten Camping Tipps & Tricks für einen rundum perfekten Urlaub mit dem Wohnmobil, Wohnwagen oder Zelt

Jonas Gumbert

INHALT

Das erwartet Sie in diesem Ratgeber

Machen Sie noch Urlaub oder reisen Sie schon? In diesem Ratgeber möchte ich Tipps und Tricks für all diejenigen bereitstellen, die Lust auf Abenteuer haben und gern mit ihrem Wohnmobil die Welt bereisen wollen – oder vielleicht auch erst einmal nur Deutschland?

Spannende und neue Dinge lauern überall und ein Wohnmobil ist das perfekte Fortbewegungsmittel, um flexibel sein zu können und gleichzeitig immer alles dabeizuhaben. Von Ort zu Ort reisen und gleichzeitig das eigene Bett dabeihaben? Check! Wir werden lernen, dass eine Reise mit dem Wohnmobil mit verschiedenen Budgetgrenzen möglich ist, denn von einem gekauften Luxusmobil bis zum selbst ausgebauten VW-Bus ist alles möglich. Wir werden über sinnvolles Equipment reden, Lösungen für Wind und Wetter finden, wunderschöne Routen planen – und lernen, dass das Abenteuer manchmal da beginnt, wo die Planung aufhört. Also: Ich wünsche Ihnen viel Erfolg beim Planen und Vorbereiten und jede Menge Spaß bei Ihrer ersten Wohnmobilreise!

Warum Campingurlaub?

Manche von uns sind geborene Camper. Als Kind haben sie im Garten gezeltet und den Sommer haben sie mit den Eltern auf dem Campingplatz im eigenen Wohnwagen verbracht. Später ging es dann mit Freunden in Zeltlager, auf Wandertouren und auf Roadtrips. Nach der Schule haben sie Australien bereist, waren in Marokko wandern oder haben jede Ecke Europas mit dem Zug erkundet.

Aber Campingurlaub ist nicht nur etwas für diese Menschen. Denn Camping- und Individualtourismus ist vor allem eins: Auf Ihre persönlichen und individuellen Bedürfnisse angepasst. Von Survivalcamping im Himalaja-Gebirge bis zur Reise im Luxuswohnmobil oder einer Nacht im Glamping-Zelt mit Bett ist alles möglich. Sie können sich aussuchen, wie viel Sie planen und wie viel Sie einfach auf sich zukommen lassen wollen, wie viel Geld Sie ausgeben möchten und vor allem, wo die Reise hingehen soll. Dieser Ratgeber soll Ihnen dabei sinnvolle Werkzeuge an die Hand geben und Ihnen mehrere Optionen aufzeigen, wie Sie Ihre Reise gestalten können.

Warum Campingurlaub? Weil Campingurlaub allen Freiheitsliebenden eine riesengroße Auswahl an Möglichkeiten bietet, ohne dass wir dabei zu Survivalexperten und -expertinnen werden müssen; weil man beim Campingurlaub einfach mehr entdecken kann, weil jeder Tag anders ist und weil man den eigenen Schlafplatz immer dabei hat. Dabei kann man atemberaubende Landschaften und wunderschöne neue Städte kennenlernen und allem voran lernt man dabei sich selbst kennen. Wie gehe ich mit unbekannten Situationen um? Kann ich auch bei schlechtem Wetter oder einer Panne mit Freude und gezielt bei der Sache bleiben? Sie werden sich wundern, was alles in Ihnen steckt! Und ganz nebenbei können Sie dabei die Länder bereisen, die Sie immer schon sehen wollten.

Mit diesem Ratgeber wollen wir uns vor allem auf die Reise mit dem Wohnmobil fokussieren. Mit dem Wohnmobil hat man nicht nur alles dabei, was man braucht – man ist außerdem unglaublich flexibel. Sobald man ein Ziel hat, kann man einfach losfahren. Wenn Sie die ersten Hürden kennen, wissen, worauf man achten sollte und das richtige Equipment dabei haben, steht Ihrer Reise nichts mehr im Wege. Die meisten Camper werden Ihnen dabei eine ähnliche Geschichte erzählen: Das meiste lernt man eigentlich erst während der ersten Reise. Was aber dennoch zu beachten ist, möchte ich Ihnen mit diesem Ratgeber ans Herz legen. Und dann kann die Reise auch schon losgehen!

Bevor die Reise losgeht

MIETEN, KAUFEN, REISEN: VON WOHNMOBIL BIS CAMPER-VAN

Um mit dem Wohnmobil durch Europa, Deutschland und die ganze Welt zu reisen, brauchen Sie natürlich erst einmal eins: ein Wohnmobil. Neben dem gekauften Wohnmobil gibt es mittlerweile etliche Anbieter, die Wohnmobile vermieten. Gerade für Anfänger und Neulinge im Bereich Camping mit dem Wohnmobil kann es eine gute Alternative sein, sich für die erste Reise zunächst ein Wohnmobil zu mieten, damit man sehen kann, ob einem diese Art des Verreisens gefällt. Doch: Egal, ob man sein Wohnmobil kauft oder mietet: Es gibt bei der

Auswahl des richtigen Wohnmobils einiges zu beachten. Einige Vermieter verlangen beispielsweise, dass der Fahrer oder die Fahrerin 21 Jahre alt oder älter ist. Falls dies auf Sie zutrifft (oder Sie einen Vermieter gefunden haben, der auch an jüngere Fahrer und Fahrerinnen vermietet), sollten Sie sich als Nächstes überlegen, welche Größe Ihr Wohnmobil, egal, ob gekauft oder gemietet, haben soll. Dabei sind nicht nur persönliche Präferenzen entscheidend, sondern außerdem auch der Blick auf den Führerschein. Wenn man beispielsweise den alten Autoführerschein der Klasse 3 gemacht hat, kann man Wohnmobile bis 7,5 t fahren. Die neue Klasse B erlaubt es einem hingegen nur noch, Fahrzeuge bis 3,5 t Gewicht zu fahren. Lassen Sie sich dabei am besten vom Händler beraten.

Sobald die richtige Größe gewählt ist, sollte trotzdem noch eine Probefahrt gemacht werden – für die meisten ist es neu, ein so großes Gefährt durch die Gegend zu fahren, und Sie sollten sich im Vorwege bewusst machen, dass eine Fahrt in einem so großen Fahrzeug sehr anders ist als eine normale Autofahrt. Beispielsweise sollte man mit einem Wohnmobil bei der Fahrt mehr Abstand halten. Aus diesem Grund eignen sich die sogenannten Reisemobile, also auf Kastenwagen basierende, kompaktere Wohnmobile, für die erste Reise am besten. Natürlich gibt es auch genug Gründe, nach eigenen Bedürfnissen ein größeres Wohnmobil zu mieten, beispielsweise, wenn man wegen einer höheren Personenanzahl oder anderen Gründen mehr Platz im Wohnmobil benötigt oder wenn man es bereits gewohnt ist, große Fahrzeuge zu bewegen. Sie sollten dabei jedoch nicht vergessen, dass man die meiste Zeit ohnehin außerhalb des Wohnmobils verbringt. Ein weiterer Vorteil der Reisemobile ist außerdem, dass sie für deutlich weniger Geld zu mieten sind als ihre größeren Alternativen und dass sie im Allgemeinen von einer Person mit dem Führerschein der Klasse B gefahren werden können.

Sollten Sie doch ein Wohnmobil kaufen wollen, gibt es auch hier Optionen, Geld zu sparen. Auf Plattformen für Gebrauchtwagen, beispielsweise „Ebay Kleinanzeigen", findet man jede Menge gebrauchte Wohnmobile. Falls handwerkliches Geschick und viel Zeit vorhanden sind, ist es auch möglich, sich ein Wohnmobil selbst umzubauen. Während sich die selbst umgebauten Camper-Vans in den USA beispielsweise schon lange großer Beliebtheit erfreuen, werden sie auch in Deutschland zurzeit immer angesagter. Die Vorteile: Wenn man sich genug Zeit nimmt, um nach Schnäppchen Ausschau zu halten, und den Umbau richtig angeht, kann man am Ende sogar Geld sparen. Gleichzeitig kann man das Wohnmobil so genau nach den eigenen Vorstellungen umbauen. Natürlich ist dieses Vorgehen gleichzeitig aber mit viel mehr Zeit und Aufwand verbunden. Geeignete Automodelle für einen Wohnmobilumbau sind beispielsweise der Fiat Ducato, der Ford Transit, der Iveco Daily, die Mercedes Modelle Sprinter, Vario und Vito, der Opel Vivaro, die Renault Modelle Kangoo, Master und Trafic, der VW Crafter sowie – ganz klassisch – die VW-T-Modelle.

Es gibt noch einige weitere Dinge zu beachten, wenn man nach dem richtigen Wohnmobil sucht. Es kann beispielsweise später fürs richtige Beladen des Wohnmobils wichtig sein, wo die Beladungsgrenze des Fahrzeugs liegt. Dies ist umso wichtiger, je mehr Personen in einem Wohnmobil mitreisen. Denn auch das Gewicht der Mitfahrenden zählt zur Gesamtbeladung des Fahrzeugs. Im Allgemeinen sollte bei der Miete des Wohnmobils auf die Motorisierung und das Getriebe des Fahrzeugs geachtet werden, denn beides sind Indikatoren für die Zuladungsreserven des Wohnmobils und können diese deutlich beschränken.

Sobald das richtige Fahrzeug ausgesucht ist, müssen Sie sich natürlich noch mit den verschiedenen zu beachtenden Details Ihres Fahrzeugs auseinander–

setzen: Gas und Stromanschluss sowie Frisch- und Abwasser, die Küche und gegebenenfalls Ihr Camping-WC und Ihre Duschkabine sollten Sie sich beim Kaufen oder Mieten Ihres Wohnmobils genaustens vom Anbieter erklären lassen. Auch drehbare Sitze oder ein aufklappbares Bett können ohne Erklärung eventuell schwierig zu bedienen sein. Planen Sie hierbei mindestens eine halbe Stunde für eine gründliche Übergabe und Einweisung ein. Dabei gilt es dann, sich mit dem neuen mobilen Heim und seinen verschiedenen Details und Funktionen wie Küche und den sanitären Anlagen vertraut zu machen. Dabei sollte auch direkt darauf geachtet werden, ob das Fahrzeug Mängel aufweist. Sollte dies der Fall sein, müssen die Mängel auf jeden Fall vor der Übergabe schriftlich notiert werden – ansonsten könnte es passieren, dass Sie nach Ihrer Tour selbst für Mängel verantwortlich gemacht werden, die schon zuvor vorhanden waren.

Lesen Sie sich außerdem genau durch, welche Erwartungen und welches Verfahren der Wohnmobilvermieter hat und nutzt, denn hier gibt es jede Menge Unterschiede. Und Sie wollen natürlich nicht, dass im Kleingedruckten plötzlich jede Menge ungeahnte Kosten auf Sie zukommen. Beispielsweise haben die verschiedenen Wohnmobilvermieter unterschiedliche

Öffnungszeiten und Sie müssen beispielsweise einen Aufschlag zahlen, wenn Sie erst nach Ladenschluss den Wagen zurückbringen (und so bis zum nächsten Tag warten müssen) und zum Teil auch, wenn die Über- oder Rückgabe an einem Samstag erfolgen soll. Darum kann es sich lohnen, den Urlaub dementsprechend zu planen und die Reise an einem anderen Wochentag zu starten oder zu beenden. Ein weiterer Aufpreis ist zudem zu erwarten, wenn man ein Haustier mit auf Reisen nehmen möchte. Außerdem zu beachten: In den allermeisten Fällen muss beim Mieten eines Wohnmobils eine Kaution gezahlt werden. Auch hier gibt es von Anbieter zu Anbieter enorme Unterschiede. Manchmal wird die Kaution bar, manchmal mit Kreditkarte hinterlegt. Die Kaution kann außerdem bis zu 2000 Euro betragen und ist darum natürlich ein nicht zu unterschätzender Faktor.

Ein gutes, gemietetes Wohnmobil sollte außerdem einiges an Ausstattung mitbringen. Dazu gehören zum Beispiel ein Sonnensegel, Fahrradträger, Rückfahrkamera, verschiedene Warntafeln für das EU-Ausland, die Standardvorgaben eines Fahrzeugs wie Warnwesten und Erste-Hilfekasten, eine gefüllte Gasflasche, ein Schlauch zum Befüllen des Wassertanks, Zubehör für die im Wohnmobil vorhandenen Sanitäranlagen sowie eine detaillierte Bedienungsanleitung für Fahrzeug, Aufbau und technische Zusatzausstattungen. Falls Sie Ihr Wohnmobil selbst ausbauen, sind die oben genannten Ausstattungsgegenstände natürlich zu Ihrer persönlichen Packliste hinzuzufügen. Weitere Information zum richtigen Packen werden Sie weiter hinten in diesem Ratgeber erhalten.

Sobald der Mietvertrag unterschrieben ist, sollte er auf jeden Fall während der Reise immer mitgeführt werden. Der Mietvertrag gilt nämlich sowohl in Deutschland als auch im europäischen Ausland als Legitimation, das Wohnmobil zu fahren. Darum ist es allerdings ebenfalls wichtig, den Mietvertrag sicher und für andere unzugänglich zu verstauen. Wenn das Wohnmobil gekauft, gemietet oder umgebaut ist, ist der erste Schritt zu Ihrer Wohnmobilreise getan. Nun werden wir uns mit der Frage beschäftigen, wo die Reise überhaupt hingehen soll.

DIE ROUTENPLANUNG

Nun, da Sie das passende Fahrzeug ausgesucht haben, kann die Routenplanung losgehen. Dabei gibt es erst einmal einige Eckdaten zu beachten: Neben der Frage, welche Orte man bereisen möchte, muss man außerdem wissen, wie viel Zeit einem für die Reise zur Verfügung steht. Je weniger Zeit man hat, desto weniger Orte sollte man sich vornehmen. Ansonsten wird die Reise schnell zu einer stressigen Tortur unter Zeitdruck, bei der lediglich Punkte auf der To-do-Liste abgehakt werden. Zudem ist eine Reise mit dem Wohnmobil nicht dafür da, die meiste Zeit hinterm Steuer zu verbringen.

Eine weitere wichtige Frage ist, ob man die Tour von zu Hause aus beginnt und wo sie enden soll. Bei einem eigenen Wohnmobil oder Camper-Van sollte entweder eine Rundtour geplant oder genug Zeit für den Rückweg einberechnet werden. Manchmal sind außerdem andere Transportmittel vonnöten: Falls Sie beispielsweise in Deutschland starten und eine Tour in Schweden planen, müssen vorher Fähren gebucht werden – und das Wohnmobil samt allen Mitfahrenden muss pünktlich zur Rückfahrt wieder am Hafen bereitstehen. Falls das Wohnmobil erst am Zielort gemietet wird, gibt es auch meist ein zu beachtendes Abgabedatum und einen Ort, der erreicht werden muss. Sobald all diese Eckdaten geklärt sind, kann die eigentliche Planung losgehen. Ein wichtiger Merksatz, der sich im Laufe meiner Campingreisen immer wieder als wahr erwiesen hat, ist folgender:

Planung sollte die Reise unterstützen und ihr nicht im Wege stehen!

Das heißt: Einige Dinge sollten geplant werden. Am besten machen Sie sich dabei eine Liste mit den Orten, die Sie unbedingt sehen wollen. Bleiben Sie dabei allerdings minimalistisch – eine kurze Liste an Zielorten sorgt zum einen für ein Erfolgserlebnis, sobald man diese erreicht, und zum anderen für jede Menge Überraschungen zwischendurch.

Natürlich wollen wir versuchen, dass diese Überraschungen zu einem Großteil positiver Natur sind. Tragen Sie darum Ihre Orte von der Liste auf einer Karte ein. Nun schauen Sie, in welcher Reihenfolge diese Orte am besten zu bereisen sind und welche ungefähre Route sich dabei anbietet. Sobald Sie eine ungefähre Route haben, können Sie gucken, welche anderen Orte, Sehenswürdigkeiten oder Landschaften auf den Wegen zwischen Ihren Zielorten liegen. Wie weit die Route zwischen Ihren Zielorten im Vorwege recherchiert wird, hängt ganz von Ihnen ab. Sie können interessant aussehende Orte auf der Karte mit einem Fragezeichen vermerken, und sich überraschen lassen. Sie können aber auch vorher schon im Internet nach Bildern suchen oder nachgucken, wo der nächstliegende Campingplatz ist. Ich möchte Ihnen an dieser Stelle jedoch ans Herz legen, ein paar Fragezeichen offenzulassen. Wenn man sich richtig vorbereitet, ist es auch möglich, den Verlauf der Reise ein wenig auf sich zukommen zu lassen und beispielsweise auch während der Reise den nächsten Tag zu planen oder nach einem Schlafplatz zu suchen. Außerdem haben Sie immer die Eckpunkte Ihrer Reise und die Liste an Zielorten, an denen Sie sich orientieren können.

Wie bereits gesagt, ist es sinnvoll, die Planung minimalistisch zu halten. Jeder, der das hier liest, hatte sicherlich schon einmal diesen einen Urlaub, bei dem man nur von Sehenswürdigkeit zu Sehenswürdigkeit gehetzt und am Ende völlig K.O. zurück nach Hause gekommen ist – obwohl man sich doch eigentlich entspannen wollte. Dennoch gibt es schon einige Dinge, die mit in die Planung aufgenommen werden sollten. Denn, wie bereits gesagt: Planung sollte die Reise unterstützen. Darum werde ich im Folgenden noch sinnvolle Stichpunkte aufzählen, die neben den Eckpunkten Ihrer Reise beachtet werden sollten. Und der Rest liegt dann bei Ihnen!

Die Basics: Schlafplatz, Wasser und Entsorgungsanlagen

Bei der Suche nach einem Stehplatz für Ihr Wohnmobil

gibt es mehrere Möglichkeiten. Es lohnt sich definitiv, vorher nach Campingplätzen zu suchen und diese auf Ihrer Karte einzutragen. Es gibt allerdings auch noch eine weitere Möglichkeit: Wildcampen. Dies ist nicht überall erlaubt und auch nicht überall möglich, weshalb man sich vorher gut informieren sollte. Allerdings gibt es auch viele gute Gründe, das Wildcampen vorzuziehen: Es ist nicht nur günstiger, man bekommt außerdem so auch die Möglichkeit, an Orten zu schlafen und aufzuwachen, die einem sonst versperrt bleiben würden. Sei es der Sonnenaufgang an einem See oder der Blick auf die Berge.

Während in Schweden beispielsweise das Jedermannsrecht herrscht und das Wildcampen fast überall erlaubt ist, darf man in Griechenland nicht einmal mit Erlaubnis des Besitzers oder der Besitzerin auf einem Privatgrundstück campen. Im Folgenden werde ich eine kurze Übersicht über die Gesetzeslage in verschiedenen Ländern Europas geben.

1. Wildcampen ist generell verboten

In einigen europäischen Ländern ist das Wildcampen generell verboten. Dies bezieht sich nicht nur auf das Campen außerhalb von Campingplätzen, es ist sogar verboten, mit Erlaubnis des Eigentümers oder der

Eigentümerin auf einem Privatgrundstück freizu-
stehen und zu übernachten.

- Albanien

- Bosnien und Herzegowina

- Bulgarien

- Griechenland

- Kroatien

- Mazedonien

- Montenegro

- Niederlande

- Portugal

- Serbien

- Slowakei

- Slowenien

- Tschechien

- Ungarn

*2. Wildcampen generell verboten, aber auf Privatgrund-
stücken erlaubt*

In diesen Ländern ist das Wildcampen ebenfalls verboten, es ist allerdings auf Privatgrundstücken erlaubt,
solange dies vom Eigentümer oder der Eigentümerin
erlaubt wurde.

- Dänemark

- Finnland

- Großbritannien

- Luxemburg

- Frankreich

- Irland.

3. Wildcampen ist für eine Nacht erlaubt

Viele wissen sicherlich, dass man in Deutschland für eine Nacht in seinem Auto oder Wohnmobil übernachten kann. Der Grund hierfür ist, dass so die Fahrtüchtigkeit wieder hergestellt werden soll. Diese Erlaubnis ist ebenfalls aufs Zelten, beziehungsweise aufs Wildcampen im Allgemeinen ausgeweitet. Ähnliche Regelungen gibt es in verschiedenen Ländern Europas. Davon ausgeschlossen sind explizite Verbote, die beispielsweise in den meisten Naturschutzgebieten sowie in bestimmten Regionen gelten. Darum sollte vor der Reise noch einmal explizit nachgeschaut werden, welche Regeln in dem Gebiet gelten, welches man bereisen will. In folgenden Ländern gilt diese Regelung:

- Belgien

- Deutschland

- Spanien

- Italien.

4. Wildcampen ist generell erlaubt

Es gibt auch einige europäische Länder, wo das Wildcampen im Allgemeinen erlaubt ist. Auch hier gibt es Ausnahmen durch Naturschutzgebiete, Verbotsschilder oder regionale Verbote.

- Estland, Lettland, Litauen (nur außerhalb geschlossener Ortschaften)
- Norwegen, Schweden
- Österreich (Verbot in Tirol und Wien)
- die Schweiz.

Im Allgemeinen lässt sich zum Wildcampen sagen, dass es eine sehr schöne und abenteuerliche Art ist, zu übernachten und zu reisen. Natürlich kann man auch mal Pech haben – nicht jeder Platz zum Wildcampen hat eine atemberaubende Sicht und falls man die Schlafplatzsuche zu spät am Tag beginnt, kann man auch mal auf einem kargen Parkplatz landen. Wichtig ist jedoch, dass man den Wildcampingplatz mindestens so gut hinterlässt, wie man ihn vorgefunden hat. Achten Sie dabei immer auf die Umwelt sowie auf die Anwohner und Anwohnerinnen Ihres Reiseziels. Es sollte allen klar sein, dass man natürlich keinen Müll hinterlässt. Aber auch generell sollte man sich fragen, ob man das zehnte Fahrzeug sein möchte, welches sich am

Ufer des örtlichen Badesees einreiht und ob Sie dies bei sich selbst zu Hause stören würde. Wenn die Antwort darauf Ja ist und man noch genug Zeit hat, um sich nach etwas anderem umzusehen, sollte man wahrscheinlich lieber etwas weiterfahren. Außerdem ist es generell sicherer, etwas weiter ab vom Schuss zu sein – Im Allgemeinen suchen Diebe und Einbrecher nicht mitten im Nirgendwo nach Fahrzeugen, die sie überfallen können.

Trotz der vielen Vorteile beim Wildcampen muss stets bedacht werden, dass diese Art des Reisens auch mehr Planung und Vorbereitung erfordert. Ein Campingplatz bietet nicht nur einen sicheren Schlafplatz, sondern neben Duschen, Waschmaschinen und Co. auch Möglichkeiten zum Auffüllen des Wassers und zum Entleeren des Grau- und Schwarzwassertanks. Unter Grauwasser versteht man schmutziges Spülwasser sowie, falls eine Dusche vorhanden ist, auch das Duschwasser Ihres Wohnmobils. Dieses kann nicht einfach irgendwo in die Umwelt gekippt werden: Es gibt auf Campingplätzen designierte Entsorgungsstationen, wo man sein Grau- und Schwarzwasser loswerden kann. Der Schwarzwassertank ist das Spülwasser aus der Campingtoilette – dieser Tank muss regelmäßig geleert werden, auch, wenn er nicht voll ist. Es gibt allerdings auch andere Möglichkeiten, seinen Wassertank zu leeren. Beispielsweise bieten einige Tankstellen und Autobahnraststätten sowohl eine Möglichkeit, um Ihren Frischwassertank neu zu befüllen als auch eine Entsorgungsanlage für Ihr schmutziges Wasser.

Die Frage ist nun: Wie finde ich diese Anlagen? Und wie kann ich spontan nach einem Camping- oder Wildcampingplatz suchen, ohne mich völlig auf mein Glück bei der Ankunft an meinem Reiseziel zu verlassen? Glücklicherweise gibt es mittlerweile mehrere Apps, die darauf ausgerichtet sind, Menschen bei ihren Camping-Rundtouren mit dem Camper-Van oder Wohnmobil zu unterstützen.

Die App „Park4Night" zeigt einem beispielsweise sowohl Campingplätze als auch bereits von anderen Campern ausgekundschaftete Orte zum Wildcampen an. Dabei gibt es meist mehrere Bilder sowie eine kurze Beschreibung des Platzes und seines Zustandes. Außerdem werden hier gegebenenfalls Preise und andere Eckdaten angegeben. Auch Entsorgungsstationen und andere touristische Attraktionen sind bei „Park4Night" auf der Karte verzeichnet. Es gibt außerdem noch einige andere Apps dieser Art und es lohnt sich, sich vor und während der Reise ein wenig durchzuprobieren, um zu sehen, welche Informationen und welche Benutzeroberflächen für einen selbst am wichtigsten und sinnvollsten sind. Abschließend möchte ich dazu noch anmerken, dass man sich jedoch nicht zu einhundert Prozent auf diese Apps verlassen sollte. Beispielsweise kann es passieren, dass man, am Zielort angekommen, kein Netz hat und die App deshalb nicht verwenden kann. Darum kann es zum Beispiel sinnvoll sein, die Karte zu laden, wenn man Internetempfang hat, oder sich beispielsweise während der Pause im Kaffee oder am Rastplatz kurz einen Überblick zu verschaffen. Auch hier gilt die Devise: Werkzeuge, Organisation und Planung sollen die Reise unterstützen und sie nicht unnötig erschweren. Nutzen Sie Ihre Ressourcen darum bedacht und Sie werden eine entspanntere Reise haben, bei der mehr Zeit für die schönen Dinge bleibt.

Tücken bei der Fahrt: Dinge, die Ihre Route beeinflussen könnten

Nachdem wir uns um die allgemeine Versorgung während unserer Reise gekümmert haben, soll es nun noch um Dinge gehen, die Ihre Route selbst beeinflussen können.

Zwei wichtige Stichpunkte sind hierbei die streckenbezogene Maut sowie die sogenannten Vignetten.

Vignetten sind Aufkleber, die von innen auf die Windschutzscheibe geklebt werden. In einigen Ländern sind sie notwendig, wenn man auf der Autobahn oder auf Schnellstraßen fahren möchte. Hierbei gibt es Vignetten, die für etwa eine Woche, für einen Monat oder ein ganzes Jahr gelten zu unterschiedlichen Preisen.

Die Preise, Zeiträume und Vignetten-pflichtigen Straßen sind allerdings von Land zu Land unterschiedlich. In Österreich benötigt man beispielsweise auf allen Autobahnen und Schnellstraßen eine Vignette. Es ist zwar im Allgemeinen möglich, diese Straßen zu umfahren, allerdings kann dieses Vorhaben schnell kompliziert werden und sollte man doch auf der Autobahn landen, drohen hohe Strafen. Man kann die Vignetten beispielsweise an Tankstellen oder im Internet erwerben. Auch hier gibt es allerdings von Land zu Land Unterschiede. Länder der Europäischen Union, in denen man eine Vignette benötigt, sind folgende: Bulgarien, Österreich, Rumänien, die Slowakei, Slowenien, Tschechien und Ungarn. Außerdem gibt es auch in der Schweiz ein Verkehrssystem mit Vignettenpflicht.

Es gibt in einigen Ländern zudem eine streckenbezogene Maut. Diese wird teilweise vor und teilweise nach der mautpflichtigen Strecke gezahlt. Neben Autobahnen und Schnellstraßen gibt es auch Brücken,

Tunnel und Pässe, die eine gesonderte Maut erfordern. EU-Länder mit Maut sind Frankreich, Griechenland, Irland, Italien, Kroatien, Polen, Portugal und Spanien. Es gibt auch in einigen angrenzenden Nicht-EU-Ländern eine streckenbezogene Maut; dazu gehören Bosnien und Herzegowina, Nordmazedonien, Norwegen, Großbritannien, Serbien, die Türkei und Weißrussland.

Generell gibt es viele verschiedene Regelungen je nach Land und es lohnt sich, sich vorher zu informieren. Ein sehr praktisches Werkzeug ist hierbei der Routenplaner des ADAC. Hier kann man so viele Zwischenstationen angeben, wie man möchte, und seine Route im Detail planen. Neben Maut- und Vignettenhinweisen zeigt einem der Routenplaner auch an, ob es Sperrungen und andere Schwierigkeiten zu beachten gibt. Außerdem kann man den durchschnittlichen Benzinverbrauch seines Fahrzeugs angeben und der Routenplaner gibt an, mit wie viel Benzinkosten man ungefähr zu rechnen hat.

Es wird einem auch angezeigt, in welchen zu durchquerenden Städten eine Umweltplakette vonnöten ist. Umweltplaketten geben an, wie hoch der Schadstoffausstoß des Fahrzeugs ist. Einige Städte haben in ihren Innenstädten Umweltzonen, die je nach Stadt beispielsweise nur mit einer grünen oder aber mit einer grünen oder einer gelben Plakette befahrbar sind. Es gibt zudem auch Umweltzonen, die überhaupt nicht mit einem Dieselfahrzeug zu befahren sind. Im Allgemeinen lohnt es sich, vor einer Reise eine Umweltplakette zu holen. Manche Zonen sind auch mit einer roten Plakette befahrbar und eine rote Plakette ist hierbei besser als keine Plakette, da manche Fahrzeuge selbst die rote Umweltplakette nicht erhalten. Wenn man sich jedoch ohne Plakette oder mit einer nicht erlaubten Plakette in einer Umweltzone aufhält, drohen Strafen.

Es ergibt Sinn, sich schon einige Wochen vor Reiseantritt mit diesen Themen zu beschäftigen. Bei manchen Vignetten muss man beispielsweise (zumindest bei einem Onlinekauf) einige Tage warten, bis die Vignette aktiviert wird. Auch Fähren, Campingplätze und Attraktion müssen teilweise schon vorher gebucht werden. Sobald Sie sich mit Vignetten, Maut und Umweltplaketten auseinandergesetzt haben, kann das Packen losgehen. Auch hierbei müssen wir uns zunächst einige wichtige Fragen stellen: Was für ein Wetter kann ich auf meiner Reise erwarten? Möchte ich mein Essen selbst kochen und wenn ja, was brauche ich dafür? All diese Fragen und mehr werden wir im nächsten Kapitel klären.

ICH PACKE MEINEN KOFFER:
WAS BRAUCHT MAN WIRKLICH?

Wenn man zum ersten Mal mit dem Wohnmobil unterwegs ist, hat man oft das Bedürfnis, zu viel zu kaufen. In voller Vorfreude auf die kommende Reise betritt man den Outdoor-Laden oder schaut sich auf Websites mit Campingbedarf um und ist entweder überfordert oder kauft viel zu viel. Alles scheint erst einmal wichtig und so praktisch! Darum möchte ich in diesem Kapitel darauf eingehen, welche Dinge man wirklich braucht. Dazu muss allerdings auch gesagt werden, dass jeder und jede andere Bedürfnisse hat und dass sich oft auch erst während der ersten (und auch den vielen weiteren) Reise(n) zeigt, was man wirklich benötigt. Da man mit dem Wohnmobil so flexibel ist, kann man aber auch meist während der Reise noch wichtige Dinge nachkaufen. Eine Liste mit den Basics gibt es im Folgenden.

Kochen/Küche

- (Camping-) Geschirr/Besteck/Becher – Tipp: Am besten doppelt so viel, wie man benötigt, falls man mal nicht abspülen möchte (und ja, das passiert jedem einmal!)

- Falls nicht im Wohnmobil integriert: Elektro- oder

Gaskocher (Gaskocher möglichst draußen benutzen)

- Scharfes Messer zum Schneiden

- Flaschenöffner und Korkenzieher

- Töpfe, am besten verschiedene Größen

- Pfanne(n)

- Pfannenwender und Kochlöffel

- Tupperware oder Ähnliches

- Tee-/Kaffeekanne/Espressokocher/Kaffeefilter/...
eine French-Press-Maschine aus Edelstahl hat sich beispielsweise bewährt

- Beutelclips zum Verstauen geöffneter Lebensmittel

- Spülschüssel oder -box zum Transport von schmutzigem Geschirr – es gibt diese in verschiedenen Ausführungen, zum Beispiel gibt es auch Klapp- oder Faltboxen, die man zwischendurch praktisch verstauen kann

- Wasserflaschen für Trinkwasser (zum Kochen, Zähneputzen sowie für Tagesausflüge)

- Weitere Getränke nach Bedarf

- H-Milch/Hafermilch etc.

- Kaffee, Tee, Kakaopulver

- Salz und Zucker (zum Beispiel Portionspäckchen, die es in Restaurants gibt)

- Gewürze (Pfeffer und andere Gewürze, hierfür kann man im Campingbedarf Streuer für mehrere Gewürze in einem besorgen)

- Essig und Öl
- Ravioli und andere Konserven nach Bedarf
- Trockene Nahrung wie getrocknete Erbsen und Bohnen, Sojagranulat, Nüsse
- Pasta und Reis
- Müsli
- Länger haltbares Obst und Gemüse wie Äpfel und Karotten
- Schokolade/Kekse/Süßigkeiten
- Mehl
- Marmelade, Honig etc.
- Frische Nahrungsmittel nach Bedarf, sollten allerdings eher wenig zurzeit und nach Bedarf gekauft und schnell aufgebraucht werden (auch abhängig davon, ob ein Campingkühlschrank vorhanden ist).

Schlafen/Wohnen/Haushalt
- Kissen und Decken oder Schlafsäcke – sehr praktisch ist es, wenn man eigene Decken fürs Wohnmobil hat, die auch im Wohnmobil bleiben
- Woll- oder Fleece-Decke(n) für zusätzliche Wärme und Gemütlichkeit
- Handtücher und Strandtücher – gibt es als platzsparende Alternative auch als Mikrofasertücher zum Einrollen

- Waschmittel, Duschgel, Spülmittel, Seife, ... im Outdoorbedarf gibt es auch hier Produkte, die mehrere Sachen in einem können
- Badelatschen/Hausschuhe
- Tasche zum Duschen am Campingplatz
- Wärmflasche oder Ähnliches für kalte Nächte
- Falls Wandertouren oder Ausflüge mit dem Zelt geplant sind: Zelt und Isomatten
- Mülltüten
- Geschirrhandtücher, Schwämme, Lappen
- (kleiner) Besen und Schaufel
- Toilettenpapier – es gibt extra Toilettenpapier aus dem Campingbedarf, welches besser zu entsorgen ist
- Wäscheleine und ggf. Wäscheklammern.

Werkzeuge und alles für Draußen
- Notizbuch/-block und Stifte – sehr wichtig!
- Taschenlampe/Stirnlampe
- Feuerzeug und Streichhölzer, ggf. Feueranzünder
- Nähzeug für den Notfall
- Verlängerungskabel
- Glühbirnen und Batterien
- Öllaterne und Öl für draußen
- Kleines Werkzeugset, ggf. kleiner Klappspaten
- Panzertape

- Auffahrt- und Bremskeile (falls man abschüssig steht)
- Campingstühle und Campingtisch
- Ggf. Grill und Zubehör
- Arbeitshandschuhe.

Pannenhilfe und Sicherheit
- Warndreieck, Erste-Hilfe-Kasten, Warnwesten – sind Vorschrift und sollte so oder so dabei sein
- Warntafel für das Heck – Vorschriften können je nach Land variieren
- Abschleppseil
- Ersatzrad/Reparaturset
- Sicherungen und Spanngurte für die Fahrt
- Rauchwarnmelder und Gaswarnmelder
- Kleiner Feuerlöscher und Löschdecke
- Einbruchswarnsystem für die Tür.

Sonstiges und persönlicher Bedarf
- Powerbank
- Kamera
- Ladekabel für alle Geräte
- Landkarte und Navi/Navi-App auf dem Handy
- Kleiner bis mittelgroßer Rucksack für Tagesausflüge und eventuelle Wandertouren oder Ähnliches
- Sonnencreme und Sonnenbrille

- Anti-Mücken-Spray
- Reiseapotheke
- Kleidung – bei längerer Reise auf verschiedene Wetterlagen vorbereitet sein
- Regenjacke
- Bücher
- Dinge für den Zeitvertreib, zum Beispiel Spiele.

Nun können Sie, mit dieser Packliste an der Hand, anfangen, Ihre Koffer und Taschen zu packen und Ihr Wohnmobil auf die kommende Reise vorzubereiten. Wie Sie sicherlich schon gesehen haben, sind viele der Gegenstände auf der Packliste Dinge, die man ohnehin schon zu Hause hat. Darum sollte es nicht allzu umständlich sein, alles für die kommende Reise zusammenzusuchen. Es ist allerdings nicht nur wichtig, was man einpackt, sondern auch, wie man es packt. Laut dem ADAC gibt es beim Packen des gemieteten Wohnmobils einiges zu beachten, da sich das Gewicht bei einem unterschiedlich gepackten Wohnmobil auch unterschiedlich ausprägt. Der ADAC gibt dabei folgendes an: In den Schränken, beziehungsweise oben im Wohnmobil, sollte nur leichtes Gepäck Platz finden, schwere Gegenstände und Gepäck wie Wasserkanister oder Werkzeuge sollten unten auf dem Boden verstaut werden und im besten Fall außerdem zwischen den Achsen, da der Schwerpunkt des Fahrzeugs so möglichst tief liegt.

Wenn das nicht zu überschreitende Gesamtgewicht aus Fahrzeug und Beladung berechnet wird, wird oftmals vergessen, dass zusätzlich zum Gepäck auch die Mitreisenden zum Gesamtgewicht beitragen. Bei einer mehrköpfigen Familie können dabei schon mehrere hundert Kilogramm zusammenkommen, ein nicht zu unterschätzender Faktor. Darum ist es auch so, dass viele Wohnmobile mit allem Drum und Dran oftmals an die Gewichtsgrenze des Fahrzeugs stoßen. Dies ist vielen Wohnmobilfahrern und -fahrerinnen allerdings in vielen Fällen nicht bewusst.

Einen großen Unterschied macht hier außerdem, ob das Wohnmobil eine integrierte Dusche beziehungsweise Nasszelle hat, da diese viel Gewicht ausmacht. Laut einem im Mai 2020 vom ADAC durchgeführten Test ist es darum so, dass die Campingbusse und Reisemobile, welche meist keine Nasszelle besitzen, deutlich mehr Kapazitäten für Gepäck und Mitfahrende aufweisen. Der ADAC berechnete hierbei 475 Kilogramm für eine vierköpfige Familie samt Gepäck. Während die Reisemobile hierbei meist keine Probleme aufwiesen, hatten viele größere Wohnmobile enorme Probleme, eine Ladung von 475 Kilogramm mitführen zu können.

Falls hierauf nicht schon beim Mieten oder Kaufen des Wohnmobils geachtet wurde, gibt es viele Wege, beim Gepäck an Gewicht zu sparen. Sobald Sie etwas mit etwas leichterem austauschen können, lohnt es sich, dies zu tun. Auch, wenn Sie im Einzelnen beispielsweise nur ein halbes Kilogramm sparen, rechnet sich dies auf lange Sicht und sie können es schaffen, unter der Beladungsgrenze zu bleiben. Außerdem ergibt es Sinn, noch einige Kapazitäten offenzulassen, da man nie weiß, was man während der Reise dazukaufen möchte oder muss.

VORFREUDE UND LAST-MINUTE-VORBEREITUNGEN

Die Route ist geplant, alles ist im Wohnmobil verstaut und der Tank ist voll; bald wird Ihre Reise losgehen. Soll sie zwei Wochen dauern? Oder zwei Monate? Fahren Sie auf den Campingplatz, um sich ein wenig zu entspannen, bis die Arbeit wieder losgeht oder nehmen Sie sich eine große Auszeit, ohne wirklich zu wissen, was danach kommt? Es gibt so viele unterschiedliche Arten und Gründe, sich auf die Reise zu machen. Aber eins hat so gut wie jede Reise gemeinsam: die Vorfreude. Genießen Sie dieses Gefühl in vollen Zügen. Das Wissen, das dieses Fernweh, das Sie schon so lange in sich tragen, bald erhört wird, und das Abenteuer losgeht. Selbst, wenn Sie eine feste Route, kurze Zeit und gebuchte Campingplätze haben, werden immer Überraschungen auf Sie warten. Das Wetter kann sich drastisch ändern, Sie können etwas auf Ihrer Reise entdecken, was Sie noch nie gesehen haben, neue Menschen kennenlernen oder etwas tun, was Sie vorher noch nie getan haben.

Darum heißt es jetzt: Die Kamera noch einmal aufladen, den Wetterbericht ein letztes Mal checken, den Rückspiegel richtig positionieren, den Reifendruck messen, Ausweis und Portemonnaie nicht vergessen und vielleicht noch ein paar Last-Minute-Snacks für die Reise einpacken und dann kann es auch schon losgehen.

Dieser Ratgeber wird Sie noch ein wenig weiter begleiten, auch, wenn die Reise jetzt ganz an Ihnen liegt. Im Folgenden werde ich Ihnen noch ein paar praktische Tipps mit auf den Weg geben. Außerdem werde ich noch ein paar Situationen schildern, die Sie vielleicht für Ihre eigene Reise inspirieren werden. Aber jetzt erst einmal: viel Spaß und gute Fahrt!

Mobil auf Reisen

PRAKTISCHE TIPPS FÜR EINE ENTSPANNTE TOUR

Im Folgenden möchte ich noch ein paar praktische Tipps auflisten, welche Sie während Ihrer Fahrt begleiten können. Tipps, die ich und andere Camper durch ihre eigenen Erfahrungen gelernt und gelesen haben und die Ihnen helfen können, für Probleme eine Lösung zu finden. Einiges wird Ihnen vielleicht bewusst sein, anderes mag für Sie komplett neu sein und wird Sie vielleicht sogar auf all Ihren weiteren Campingreisen begleiten. Die Tipps sind hier in keiner bestimmten Reihenfolge – ich habe für diesen Ratgeber einfach zusammentragen, was man noch gebrauchen könnte, wenn man seine Reise mit dem Wohnmobil bereits gestartet hat. Also – lassen Sie sich inspirieren, informieren und vielleicht sogar amüsieren. Nach den praktischen Tipps werde ich Sie noch zu einigen praktischen Situationen mitnehmen, die einem bei einer Reise mit dem Wohnmobil über den Weg laufen könnten. Der praktische Teil dieses Ratgebers soll Ihnen anschaulich zeigen, welche schönen Erlebnisse auf Sie warten können und auf welche Situationen Sie sich eventuell gefasst machen sollten. Aber letztendlich gilt natürlich – am besten ist es, wenn man diese Situationen selbst erlebt! Erst dann versteht man wirklich, was tatsächlich bei einer Reise mit dem Wohnmobil auf einen wartet. Aber nun erst einmal zu den praktischen Tipps, die von mehreren Campern, Outdoor-Liebhabern und Wohnmobil-Begeisterten zusammengetragen wurden.

1. Stellen Sie vor der Reise sicher, dass das Fahrzeug nicht zu schwer ist und die Beladungsvorschriften nicht überschritten werden. Man kann im Internet auch Beladungsrechner finden, mit denen man überprüft, ob das Gesamtgewicht unter der Maximalgrenze ist. So ist man auf der sicheren Seite, da es in verschiedenen Ländern auch verschieden hohe Strafen für ein überladenes Wohnmobil gibt.

2. Alles, was Sie mitnehmen, sollte sinnvoll verpackt werden. Das heißt: Sie sollten wissen, wo was ist, und Ihr Gepäck zum Beispiel nach Kategorien verstauen. Außerdem ist es wichtig, dass bei der Fahrt alles fest ist und nichts offen herumsteht. Alles, was nicht in den Schubladen und Schränken des Wohnmobils Platz findet, kann beispielsweise mit Spanngurten befestigt werden. Sie werden während der Tour sicherlich herausfinden, was wo am besten verstaut wird. Allerdings sollte von Anfang an sichergestellt werden, dass bei einer Vollbremsung nichts durch das Wohnmobil fliegt. Außerdem sollte man die Beladung gleichmäßig verteilen. Mehr hierzu gibt es ebenfalls bei Beladungsrechnern sowie weiter vorn in diesem Ratgeber bei den Tipps zum richtigen Packen des Wohnmobils.

3. Kaufen Sie (wenn möglich) einen Großteil Ihrer Lebensmittel erst am Zielort! Somit können Sie Gewicht und damit Benzin sparen und die Umwelt dankt Ihnen auch. Außerdem bleibt das Essen so sogar ein kleines bisschen länger haltbar. Am besten ist es zudem immer, lange haltbare Nahrung zu kaufen. Ein besonderer Tipp ist hierbei Trockennahrung. Die ist nicht nur lange haltbar, sie nimmt auch wenig Gewicht ein. Und vor allem, wenn man vorhat, auch mal mit dem

Rucksack unterwegs zu sein, ist Trockennahrung perfekt. Hierbei können Sie auf spezielle Campingmahlzeiten zurückgreifen – in Outdoor-Geschäften und im Internet kann man die verrücktesten Gerichte in getrockneter Form finden. Allerdings ist diese oftmals teuer und im Verhältnis dazu nicht immer besonders lecker. Diese Gerichte sind also vor allem zu empfehlen, wenn man längere und vor allem mehrtägige Wanderungen unternimmt. Es gibt allerdings auch andere Form von Trockennahrung. Beispielsweise kann man in vielen Supermärkten getrocknete Bohnen, Erbsen und Co. finden. Wer das mag, sollte auch getrocknete Sojamedaillons in seinen Bestand aufnehmen. Auch Essen wie Trockenobst, Nüsse oder Müsliriegel halten lange, nehmen nicht viel Platz ein und bieten einem eine sehr gute Quelle für die nötige Energie.

4. Wenn Sie an einem Platz wildcampen wollen und sich nicht sicher sind, ob es sich um einen guten Platz handelt, machen Sie einen kurzen Spaziergang. Dabei werden Sie schnell sehen, ob es sich hierbei um einen schönen Platz handelt oder ob etwas dagegen spricht. Falls beispielsweise in den umliegenden Mülleimern viel Alkohol- oder Fast-Food-Überreste sind, könnte das darauf hindeuten, dass hier in der Nacht viel los ist.

Das kann nicht nur störend sein, es deutet außerdem darauf hin, dass eine größere Einbruchsgefahr vorherrscht. Denn umso besser besucht ein Stellplatz ist, desto mehr wird auch damit gerechnet, dass hier jemand campt. Tatsächlich ist es hingegen sehr unwahrscheinlich, dass jemand in den Wald oder zum Feldweg geht, um dort nach Wohnmobilen zu suchen, in die man einbrechen kann. Aber: Es ist immer von Vorteil (und sei es nur für den eigenen Seelenfrieden), ein Einbruchssystem zu haben. Es gibt beispielsweise Einbruchsmelder, die laut piepen und so hoffentlich Menschen in der Umgebung alarmieren, damit diese dann die Polizei rufen können. Solche Sicherheitsvorkehrungen sollte man vor allem treffen, wenn man vorhat, viel wildzucampen.

5. Seien Sie darauf vorbereitet, dass es auch schlechtes Wetter geben kann und man eventuell einen Tag im Wohnmobil verbringen muss. Haben Sie am besten Spiele, Bücher und Ähnliches dabei, mit denen Sie sich die Zeit vertreiben können. Wenn man mit mehreren Menschen in einem Wohnmobil unterwegs ist, kann es bei schlechtem Wetter schnell eng werden. Darauf sollten Sie sich einstellen, damit dies nicht zu einer bösen Überraschung wird. Falls es nur regnet, aber

trotzdem noch einigermaßen warm ist, kann man sich auch bei Regen unter die Markise setzen oder sogar mit Regenjacke oder -schirm einen Ausflug machen. Das kommt ganz auf die Person an. Generell sollten Sie aber darauf vorbereitet sein, dass Sie, ganz unabhängig vom potenziellen Regen, auch mal einen Tag im Wohnmobil oder auf dem Campingplatz verbringen werden. Vor allem, wenn die Reise lang ist, wird man irgendwann erschöpft – auch positive Eindrücke können erschöpfend sein. Seien Sie darum nicht so hart zu sich selbst, wenn Sie doch mal einen Tag Pause brauchen und eventuell Ihr Reiseplan hinterherhängt. Das ist völlig normal und ein Tag mit Ihrem Buch oder einer anderen Tätigkeit zum Entspannen ist vollkommen in Ordnung.

6. Schreiben Sie ein Reisetagebuch! Oftmals vergessen wir viele Dinge wieder, die wir auf einer Reise getan, erlebt oder gedacht haben. Es ist schön, auch später noch nachempfinden zu können, wie diese Reise war. Vielleicht sogar noch Jahre später. Oftmals ist es ansonsten so, dass wir Dinge selektiv vergessen und uns zum Beispiel nur an die positiven oder nur an die negativen Dinge erinnern. Wenn wir die positiven Dinge aufschreiben, können wir auch lange Zeit später noch

daran erinnert werden und durchs Schwelgen in schönen Erinnerungen den großartigen Campingtrip noch einmal erleben. Wenn wir die negativen Erlebnisse aufschreiben, können wir uns auch daran erinnern und es im besten Fall beim nächsten Mal besser machen. Unsere Gedanken und Gefühle aufzuschreiben, hat außerdem generell viele Vorteile und ist darum immer ein guter Tipp für jede Lebenslage.

7. Planen Sie stets mehr Wasser und Gas ein, als Sie zuerst denken zu brauchen. Nichts ist bei einer Reise mit dem Wohnmobil problematischer, als irgendwo ohne Wasser gestrandet zu sein. Und das lässt sich sehr leicht vermeiden, indem man einfach ein wenig mehr Wasser einplant.

8. Falls Sie wildcampen, keine eingebaute Campingdusche haben oder generell planen, sich in natürlichen Gewässern zu waschen: Versuchen Sie doch einfach einmal, im Vorwege für einige Zeit kalt zu duschen. Wenn Sie sich schon vorher daran gewöhnen, ist es nicht so schlimm, wenn Sie irgendwann ins kalte Wasser gehen müssen. Außerdem hat es generell viele Vorteile, kalt zu duschen: Es ist besser für Haut und Haare, einem ist danach so warm wie nach keiner warmen

Dusche und außerdem senkt die tägliche Überwindung die Angstschwelle. Wer Interesse daran hat, sich näher darüber zu informieren, sollte einmal die Wim-Hof-Methode im Internet recherchieren. Mir ist bewusst, dass dieser Tipp nicht für jeden und jede hier etwas ist – aber spätestens, wenn Sie an einen Campingplatz gelangen, der nur kalte Duschen anbietet, werden Sie für diesen Tipp dankbar sein.

9. Versuchen Sie auch, öfter einmal etwas in Ihrer Campingküche zu kochen. Während ein Campingurlaub viele wunderschöne Dinge mit sich bringt, verbinden wohl die wenigsten gutes Essen und großartige Küche mit einer Reise im Wohnmobil. Allerdings ist es auch möglich, im Wohnmobil gutes Essen zu zaubern. Wie bereits erwähnt, gibt es viele Möglichkeiten, beim Essen Platz zu sparen. Wenn man vor allem platzsparendes Essen einkauft, kann man wiederum eine höhere Vielfalt erreichen. Hilfreich sind hierbei auch Gewürze. Zum Kochen sollte allerdings erwähnt werden, dass kochen – so wie alle anderen Aktivitäten abseits vom Autositz – während der Fahrt keine gute Idee ist. Aber sobald das Wohnmobil steht, kann das Kochen auch schon losgehen. Je öfter Sie kochen, desto mehr lernen Sie auch die Tricks und Kniffe, die man bei

Ihrem Gasherd und Ihren Campingpfannen und -töpfen zu beachten hat. Es lohnt sich außerdem, auch einen kleinen Gaskocher für draußen mitzunehmen, damit man bei schönem Wetter draußen sein Essen zubereiten kann. Und noch ein Tipp: Aus irgendeinem Grund schmeckt während der Reise zubereitetes Essen gleich doppelt so lecker wie zu Hause.

10. Stellen Sie sicher, dass der Spaß an erster Stelle kommt. Klingt simpel, ist aber sehr wichtig. Gerade, wenn man etwas Neues ausprobiert, kann es passieren, dass man sich in den ganzen Dingen verrennt, die es alles zu beachten gibt. Also: Haben Sie Spaß!

UNVERGESSLICHE MOMENTE

Nun sind Sie also auf der Reise – oder, wie man im Englischen so passen sagt: *On the Road*. Wie bereits gesagt, gibt es so viele Dinge, die man auf so einer Reise mit dem Wohnmobil erleben kann. Darum habe ich hier eine kleine Auswahl herausgesucht, mit der ich Sie auf mögliche Erlebnisse vorbereiten oder Sie bei Ihren eigenen Erlebnissen begleiten kann. Bei einem klassischen Tag mit dem Wohnmobil gibt es zum einen die Tage, die man unterwegs ist und neue Orte kennenlernt. Oder man bleibt für einige Tage am selben Ort und genießt alles, was das gewählte Reiseziel so mit sich bringt. In diesem Fall werden Sie morgens von der Sonne geweckt und nach einem Kaffee aus der French-Press-Kaffeekanne aus Edelstahl und ein bisschen Müsli mit Obst verbringen Sie den Tag entweder auf dem Campingplatz, am Strand, am Badesee oder Sie erkunden die Umgebung und entdecken zu Fuß viele schöne Orte.

Oder Sie wachen ganz früh auf und machen sich wieder auf den Weg zu Ihrem nächsten Ziel. Während Sie noch in der Stadt mit Internetempfang oder auf dem Campingplatz mit W-LAN sind, stellen Sie das Navi ein, verschaffen sich noch einmal einen Überblick auf Ihrer analogen Landkarte, auf der Sie all Ihre Ziele mit einem Marker eingetragen haben, und schauen auf Ihrer Wohnmobil-App, wo man vielleicht wildcampen könnte, ob es eine Entsorgungsstation für den überfälligen Schwarzwassertank auf dem Weg gibt oder ob Sie nicht doch die nächste Nacht auf einem Campingplatz verbringen. Sind in dem Land, in dem Sie sich gerade aufhalten, gerade Sommerferien? Sollten Sie dann vielleicht vorher beim Campingplatz anrufen?

So oder so ähnlich werden sicher einige Tage Ihres Wohnwagentrips aussehen. Ich werde jetzt allerdings noch einmal einige spezifische Situationen beschreiben, die Ihnen vielleicht bei Ihrer Reise über den Weg laufen könnten. Vielleicht wird das Ihre Vorfreude noch weiter steigern oder Sie sind bereits auf Reisen und sind gerade in genau so einer Situation. Natürlich sind auch immer hilfreiche Informationen dabei, die vor allem Anfängerinnen und Anfängern aus der Patsche helfen sollen.

Zuerst werden wir eine Nacht im Zelt verbringen und darüber reden, was dabei zu beachten und zu erwarten ist. Natürlich ist das nicht die typische Wohnmobilerfahrung, jedoch haben viele Wohnmobilfahrer auch ein Zelt dabei und einige Tipps lassen sich auch immer auf die Reise mit dem Wohnmobil übertragen. Ich kann Ihnen außerdem wärmstens empfehlen, auch während Ihrer Reise mit dem Wohnmobil diese Erfahrung in Betracht zu ziehen, da man zu Fuß doch noch andere Orte erreichen kann, als das mit dem Wohnmobil möglich ist.

Als Nächstes besprechen wir eines der Worst-Case-Szenarios, die einem bei dem Stichwort Reisen mit dem Wohnmobil so einfallen können: ein platter Reifen. Dabei werde ich Ihnen einen kurzen Guide zum Reifenwechseln mitgeben und Ihnen hoffentlich genug Mut mit auf den Weg geben, solche und ähnliche

Situationen in Zukunft zu meistern, ohne in Panik zu geraten.

Als Letztes werden wir noch über eins der schönsten möglichen Erlebnisse mit dem Wohnmobil reden: Einen Schlafplatz zu finden, bei dem man morgens mit einer unglaublichen Aussicht aufwacht. In unserem Fall: ein Frühstück mit Meerblick. Ich wünsche erst einmal viel Spaß beim Miterleben während des Lesens und noch mehr Spaß beim tatsächlichen Erleben dieser verschiedenen Situationen. Auch, wenn man vermutlich niemandem einen platten Reifen wünschen sollte.

Mit Zelt und Lagerfeuer: eine Nacht im Freien

Viele Menschen, die gern Campingreisen unternehmen, genießen während Ihrer Reise auch gern andere Outdoor- und Campingaktivitäten. Viele nehmen beispielsweise ihr Fahrrad mit, weshalb Fahrradträger nicht ohne Grund zur Grundausstattung der meisten Wohnmobile gehören. Eine weitere beliebte Tätigkeit, wenn man mit dem Wohnmobil unterwegs ist, ist das Wandern. Gerade, wenn man auf einer langen Reise mit viel Zeit ist, lohnt es sich manchmal, sich über gute Plätze zum Zelten oder sogar mehrtägige Wanderrouten schlauzumachen. Sollten Sie dann sogar einen guten Platz finden, um Ihr Wohnmobil eine oder mehrere Nächte sicher abzustellen, steht der kleinen Aben–

teuertour nichts mehr im Wege, denn nichts ergänzt eine gute Campingtour so gut wie eine richtige Nacht im Freien!

Hierfür benötigen Sie ein Zelt, Schlafsäcke und Isomatten. Sollten Sie also eine Nacht im Freien planen, ist es sinnvoll, dieses Campingequipment bereits im Vorwege mitzunehmen. Achten Sie auf jeden Fall darauf, dass Ihr Schlafsack für die vorherrschenden Temperaturen geeignet ist. Dabei ist es wichtig, die wärmste auf dem Schlafsack angegebene Temperatur zu beachten. Diese Temperatur beschreibt die sogenannte Komfortzone. Man sollte es vermeiden, auf die kältere auf dem Schlafsack angegebene Temperatur zu achten, da diese wirklich dafür gedacht ist, in dem Schlafsack die Nacht zu überleben. Da es allerdings nicht unser Plan ist, gerade so zu überleben und wir stattdessen lieber ein schönes und interessantes Campingerlebnis haben möchten, ist es wichtig, darauf zu achten, möglichst warm zu bleiben.

Falls es nicht gerade Hochsommer ist, ergibt es meist Sinn, für alle Fälle eine Mütze einzustecken. Denn sobald Sie in Ihren warmen Schlafsack eingehüllt sind, wird die meiste Wärme über den Kopf und über den Boden abgegeben. Darum ist neben einer Mütze und einem warmen Schlafsack auch eine gute Isolation zum Boden entscheidend. Am besten sehen Sie vor Ihrem Zeltausflug nach, wie das Wetter werden soll. Falls Sie ein Camping-Neuling sind, sollten Sie Ihre erste Tour möglicherweise nicht im Regen starten. Aber: Sollte es unerwartet doch regnen, ist dies auch kein Grund zur Verzweiflung. Zum einen sollten Sie eigentlich immer daran denken, eine Regenjacke mitzunehmen. Damit diese in den Rucksack passt, ist es sinnvoll, eine Regenjacke zu besorgen, die besonders leicht und klein zusammenfaltbar ist. Dies hat direkt einen doppelten Vorteil: Alles, was für Ihren Zeltausflug besonders klein und kompakt ausgewählt ist, um in Ihren Rucksack zu passen, nimmt auch im Wohnmobil weniger Platz und Gewicht ein! Somit ist das Zelten auch eine ausgezeichnete Vorbereitung, um sich auf das Mindset einer Campingreise einzustimmen. Sobald Sie an Ihrem Zeltplatz angekommen sind, sollte erst einmal das Zelt aufgebaut werden.

Es gibt viele verschiedene Arten von Zelten und es lohnt sich, vor der Reise einmal zu Hause zu schauen, wie Ihr Zelt aufzubauen ist. Falls Sie dies nicht getan haben, ist das allerdings auch kein Grund zu verzagen. Die meisten Zelte funktionieren so, dass die Zeltstangen durch das Außenzelt gesteckt werden. Falls dies der Fall ist, wird das Innenzelt im Anschluss von innen eingehängt und befestigt oder die Stangen werden in das Innenzelt gesteckt und das Außenzelt wird daraufhin von außen befestigt. Die Stangen sind dabei oftmals gleich groß und es ist somit egal, welche Stange in welche Öse gesteckt wird. Oder es gibt unterschiedlich große Stangen, in welchem Fall die Stangen und Ösen oftmals farblich oder anderweitig markiert werden. So oder so sollte vorher geschaut werden, ob die Stangen dieselbe Größe haben und welche Stange wohin gehört.

Es ist außerdem wichtig, das Zelt ordentlich abzuspannen. Auch, wenn kein Wind weht, ist richtiges Abspannen des Zeltes wichtig, denn erst, wenn sich Außen- und Innenzelt nicht berühren, ist das Zelt wasserabweisend. Wenn sich das Außen- und Innenzelt berühren, kann an dieser Stelle Wasser in das Innenzelt gelangen. Dazu sollte außerdem noch angemerkt werden, dass Zelte nie vollständig wasserdicht sind. Falls Sie also mal eine längere Tour mit dem Zelt planen, auf der es eventuell stark regnen könnte, lohnt es sich, eine kleine, eng zusammenfaltbare Plane mitzunehmen, die Sie im Zweifelsfall über Ihr Zelt spannen können.

Sobald das Zelt steht, können Isomatten, Schlafsäcke und Gepäck im Zelt verstaut werden. Je nach Platz verstauen Sie Ihren Rucksack entweder im Innenzelt oder im Vorzelt. Zu einer richtigen Zelt-Erfahrung gehört natürlich auch ein Lagerfeuer. Seien Sie dabei aber natürlich verantwortungsvoll – es darf selbstverständlich unter keinen Umständen im Naturschutzgebiet ein Feuer entzündet werden. Auch im Wald oder bei genereller Trockenheit sollten Sie von einem Feuer absehen. Am besten eignen sich Feuerkörbe oder designierte Feuerstellen, um ein Feuer zu entzünden. Entweder Sie nehmen dafür Grill- oder Kaminanzünder mit, zumindest sollten Sie, wenn Sie nicht bereits ein Survivalexperte oder eine -expertin sind, ein Feuerzeug oder im besten Fall Streichhölzer und etwas Papier oder Ähnliches dabei haben.

Zum Entzünden des Feuers benötigen Sie leicht entzündliches Material wie Holzspäne (können mit dem Schnitzmesser hergestellt werden), vollständig getrocknetes Gras, trockenes Laub, Tannenzapfen oder Zeitungspapier. Ein echter Geheimtipp für leicht entflammbare Naturmaterialien ist außerdem trockene Birkenrinde. Sie benötigen ebenfalls kleine, trockene Stöcke, um das Feuer in den Gang zu bekommen. Für das eigentliche Feuerholz eignet sich jegliche Art von Hartholz, da dieses langsam und gleichmäßig brennt, was vor allem zum Kochen sehr von Vorteil ist. Gutes Brennholz liefern Eiche, Buche, Esche, Weißdorn,

Birke oder Ahorn. Weniger geeignet sind Kastanien, Ulme, Pappel, Weide, Linde und Eibe. Sobald das Lagerfeuer brennt, können Sie auch schon die Marshmallows herausholen und die Umgebung auf sich wirken lassen. Nichts ist entspannender, als mitten in der Natur am warmen Feuer zu sitzen, den Flammen zuzusehen und die Äste knacken zu hören. Vielleicht hat auch jemand eine Gitarre dabei?

Mit dem Wohnmobil und den richtigen Tools, wie die weiter vorn im Ratgeber vorgestellten Apps, kann man wirklich wunderschöne und abgelegene Orte finden. Noch speziellere und abgelegenere Orte lassen sich aber oftmals nur zu Fuß erreichen – wer ein Zelt dabei hat, kann außerdem diese wunderschöne Erfahrung einer Nacht im Freien in seinen Campingtrip einplanen.

Vor Ihnen glühen die Flammen des Lagerfeuers, Sie hören leise Gitarrenklänge oder auch einfach die Geräusche der Natur im Sommer. Grillen zirpen, die warme Sommerluft kühlt langsam ab und, da Sie noch weiter weg von der Zivilisation sind als sonst, können Sie sogar die Milchstraße sehen. Eine Nacht im Zelt unter den Sternen ist immer ein besonderes Erlebnis. Egal, ob allein oder mit anderen zusammen. Am nächsten Tag werden Sie früh von der Sonne geweckt, denn das Zelt wird im Sommer sehr früh ziemlich heiß. Jetzt geht die Wanderung weiter oder Sie machen sich auf den Weg zurück zu Ihrem Wohnmobil. Dieser kleine Urlaub im Urlaub war nur eine der besonderen, eindrucksvollen Erfahrungen und Erlebnisse, die Sie auf Ihrer Reise noch machen werden. Wie sieht es morgen aus? Vielleicht sind Sie morgen in einer europäischen Großstadt, die Sie schon immer mal sehen wollten. Vielleicht in Amsterdam, Kopenhagen, Berlin, Wien, Warschau oder Barcelona?

Oder Sie fahren morgen zu einem Campingplatz, um Ihren Frischwassertank aufzufüllen, Wäsche zu waschen, andere Camper kennenzulernen und neue Pläne für den weiteren Verlauf der Reise zu schmieden. Vielleicht fahren Sie morgen auch an einen See, zu dieser Burg, die Sie immer schon sehen wollten, oder an den Strand. Oder Sie fahren morgen in die Berge und sind schon ein wenig aufgeregt, weil Sie noch nie in den Bergen Auto, geschweige denn Wohnmobil gefahren sind. Oder Sie machen morgen eine Fahrradtour in Norditalien, gehen surfen in der Nordsee oder gehen das erste Mal in der freien Natur klettern. All das und noch viel mehr kann man mit dem Wohnmobil erleben. Und unsere Reise hat gerade erst angefangen!

Platte Reifen und andere glückliche Unfälle

Stellen Sie sich vor, Sie fahren gerade irgendwo im Nirgendwo auf dem Weg zu Ihrem nächsten Ziel. Sie wussten, dass in dieser Gegend weit und breit niemand ist, weshalb Sie auch bei der letzten Tankstelle vollgetankt haben. Vielleicht sind Sie gerade irgendwo im Norden von Schweden, auf Island oder sogar in weniger dicht bevölkerten Regionen Deutschlands. Plötzlich bemerken Sie, wie Ihr Wagen einen leichten Drall nach links hat. Zuerst erscheint es so, als bilden Sie sich das nur ein, aber ganz plötzlich wird die Lenkung viel schwerer als zuvor. Sie wissen, dass Reifenpannen bei Wohnmobilen und auch im Allgemeinen immer seltener vorkommen. Die Reifen sind heutzutage um einiges besser und halten viel mehr aus. Und das ist auch gut so, denn ein Reifenwechsel bei einem Wohnmobil ist gar nicht so einfach. Sie halten den Wagen an und steigen aus.

Erst einmal sollten Sie sich einen Überblick verschaffen. Die erste Frage ist, ob der Reifen sichtbar beschädigt ist. Wenn dies nicht der Fall ist, kann man meist noch den Reifen mit einem Pannenset provisorisch reparieren. Falls man kein Ersatzrad dabei hat, kann man mit solch einem provisorisch reparierten Reifen auf jeden Fall noch zur nächsten Werkstatt fahren. Die nächste Frage ist dann natürlich, ob Sie einen Ersatzreifen oder ein Pannenset in Ihrem Wohnmobil dabei haben. Sie sollten in jedem Fall mindestens eins von beiden im Wohnmobil haben – und am besten auch wissen, wie man mit dem jeweiligen Hilfsmittel umgeht. Die Reparatur mit einem Pannenset ist im Allgemeinen um einiges leichter, sie ist aber immer nur eine provisorische Lösung und auch nicht in jedem Fall möglich. Falls man es vorzieht, das Rad zu wechseln, oder dies eh notwendig ist, da der Reifen von außen beschädigt ist, muss man sich auf einen ziemlich großen Aufwand gefasst machen. In diesem Fall hilft nur eins – die Nerven bewahren. Pannen und Komplikationen gehören dazu, stärken den Charakter und sorgen später für eine interessante Anekdote.

Wenn der Reifen nicht mehr zu gebrauchen ist, muss Ersatz her. Falls Sie kein Ersatzrad dabei haben, müssen Sie bei einem Pannendienst anrufen. Aber – wir erinnern uns – wir befinden uns zurzeit mitten im Nirgendwo. Das Einzige, was sich im Moment in einem Zehn-Kilometer-Radius um uns und unsere Panne herum befindet, ist irgendein Bauernhof, den wir auch nicht erreichen können. Wir müssen eine sehr lange Zeit warten, bis der Pannendienst bei uns ankommt (und für den Transfer vermutlich auch viel Geld bezahlen), denn selbst das nächstgelegene Dorf hat keine speziellen Camper-Reifen. Die beste Lösung ist hier also: Am besten haben Sie selbst ein Ersatzrad dabei.

Dort hören die Probleme jedoch nicht auf. Selbst, wenn man ein Ersatzrad hat, ist der Räderwechsel an einem Wohnmobil mit den Standard-Werkzeugen, die beim Mieten des Fahrzeugs dabei waren, schwierig bis unmöglich. Darum muss man für die Montage des Reifens eventuell wieder auf den Pannendienst zurückgreifen. Also auch hier: langes Warten, hohe Kosten. Darum ist es besser, sich selbst besseres Werkzeug zum Räderwechsel mitzunehmen, also einen besseren Wagenheber und einen guten Drehmomentschlüssel.

Der Räderwechsel beim Wohnmobil kostet vor allem auch Kraft. Falls Sie mit Ihrem eigenen Wohnmobil unterwegs sind, könnte es sich lohnen, vor der Fahrt einmal einen Räderwechsel zu üben. Bei dieser Gelegenheit können Sie auch direkt sehen, ob der Wagenheber die nötige Hubhöhe hat und ob Sie selbst mit dem Werkzeug zurechtkommen. Sie können dabei auch dasselbe Rad wieder anmontieren, dass zu zunächst abmontiert haben. Der Radwechsel beim Reisemobil braucht etwas Kraft. Wenn Sie das Rad begutachten und den Räderwechsel beginnen, sollten Sie dabei eine Warnweste tragen. Mit einem Ersatzrad, dem richtigen Werkzeug und den richtigen Handgriffen im Kopf muss Sie dieser platte Reifen überhaupt nicht aus der Fassung bringen – trinken Sie einen großen Schluck Wasser und setzen Sie Ihren Sonnenhut auf, denn die Sonne prallt nur so auf den Schotterweg und auf Ihr Gesicht. Einatmen, ausatmen und los geht's.

Zuerst setzen Sie den Wagenheber am richtigen Punkt an. Dann wird das Wohnmobil nach oben gehebelt. Als Nächstes nutzen Sie den Drehmomentschlüssel, um die Schrauben zu lockern. Nun kann man den beschädigten Reifen abnehmen. Und jetzt das Gleiche umgekehrt! Der Ersatzreifen wird nun auf der Felge befestigt, die Schrauben werden ordentlich festgezogen und der Wohnwagen kann wieder heruntergehebelt werden. Wichtig: Denken Sie daran, bei der nächsten Gelegenheit den Reifendruck zu messen und die Schrauben nach der nächsten Etappe noch einmal nachzuziehen.

Geschafft! Situationen wie diese wollen natürlich vermieden werden, aber wenn Sie dennoch passieren, ist man umso mehr stolz auf sich, die Situation bewältigt zu haben. Und es gibt noch so viele andere Pannen, die einem beim Campen mit dem Wohnmobil über den

Weg laufen können. Die Campingtoilette verstopft, Gas, Wasser oder Benzin gehen einem aus, weil man sich doch verschätzt hat. Letzterem kann man natürlich vorbeugen, indem man immer etwas mehr einplant, als man eigentlich für nötig hält.

Es gibt so viele Situationen, dass es unmöglich ist, sich auf alles vorzubereiten. Jetzt sollten Sie aber erst einmal gebührend feiern, dass Sie gerade den Reifen eines Wohnmobils gewechselt haben. Das erfordert definitiv Kraft, Ruhe und Nerven! Abends kommen Sie etwas verspätet an Ihrem Zielort an. Glücklicherweise ist dieser Platz zum Wildcampen so gut und sogar noch besser, als er bei der Wohnmobil-App „Park4Night" beschrieben wurde. Ein echter Glücksgriff! Sie stehen nicht weit von einem kleinen Hang, von dem aus es viele Meter in die Tiefe zum Meer geht. Neben Ihrem Stehplatz ist ein kleiner Pfad, der bestimmt hinunter zum Strand geht. Diesen Pfad wollen Sie morgen erkunden. Jetzt sind Sie jedoch müde, denn der Reifenwechsel und das damit verbundene Adrenalin haben Sie ganz schön ausgepowert. Aber wenn Sie aus Ihrem Fenster vom Bett aus über das Meer blicken, haben sich alle Anstrengungen gelohnt, und zwar doppelt und dreifach. Der Sonnenuntergang ist leider auf der anderen Seite des Meers. Aber Sie wissen, was das heißt:

Wenn Sie früh genug aufstehen, können Sie den Sonnenaufgang über dem Meer sehen und das direkt aus Ihrem Wohnmobil. Darum geht es jetzt auch früh ins Bett, denn morgen lauert ein weiterer, aufregender Tag.

Frühstück mit Meerblick

Sie wachen vor dem Wecker auf und draußen ist es noch dunkel. Langsam kann man die Dämmerung am Horizont erblicken. Sie schauen aus dem Fenster Ihres Wohnmobils und es scheint so, als wären immer noch weit und breit keine weiteren Camper an diesem bezaubernden Ort. Es ist praktisch, dass Sie ein wenig früher wach geworden sind. Nun haben Sie noch genug Zeit, um einen Kaffee zu kochen, bis das Spektakel beginnt. Sie stehen verschlafen auf und schalten den Wasserkocher ein.

Dieser Wasserkocher hat Ihnen schon einmal den Tag gerettet – der Strom Ihres Wohnmobils kommt von einem Solarpaneel vom Dach und funktioniert einwandfrei. Als Ihre Gasflasche einmal versehentlich leer wurde und Sie mal wieder irgendwo im Nirgendwo unterwegs waren, konnten Sie mit diesem Wasserkocher immerhin eine Instantsuppe kochen. Ihr Kaffee ist nun fertig gebrüht. Sie steigen aus Ihrem Wohnmobil und merken, dass es noch ein wenig frisch draußen ist. Mit einem Pullover und Ihrer Tasse Kaffee bewaffnet setzen Sie sich auf den Campingstuhl vor Ihrem Wohnmobil, den Blick in Richtung Meer gerichtet. Da ist sie auch schon: Die Sonne lugt hervor und hüllt die wenigen Wolken in ein wunderschönes, orange-rotes Licht. Einen solchen Start in den Tag hat man sicher nicht alle Tage. Und jetzt gibt es erst einmal Frühstück.

Raus aus der Komfortzone!

So sitzen Sie da und genießen die erste Stunde des unberührten Tages, bis das nächste Abenteuer beginnt. Zunächst hatten Sie ein wenig Angst vor dieser Reise, denn Sie haben so etwas Spontanes noch nie zuvor gemacht. Aber in zwei Wochen Wohnmobilurlaub haben Sie bereits gelernt, dass Sie mit ein wenig Vorbereitung vor den wenigsten Dingen Angst haben müssen und schon gar nicht vor einem so selbstbestimmten Abenteuer wie diesem. Wenn man mit Menschen spricht, die lieber Campingreisen unternehmen und den Individualtourismus vorziehen, gibt es fast immer einen Konsens: Man kann unmöglich vorher planen und vorhersehen, was auf einer Campingreise passieren wird. Aber genau das ist eigentlich das, was viele an so einer Reise reizt. Natürlich kommt eine gewisse Ungewissheit immer auch mit der Gefahr, dass einem eine Panne unterläuft oder äußere Bedingungen wie das Wetter einem einen Strich durch die Rechnung machen. Aber solange man die richtigen Dinge mit auf seine Reise nimmt und sich mental darauf vorbereitet, dass solche Dinge passieren können, sind diese Situationen keine Gefahren mehr, sondern bloß Herausforderungen.

In unserem normalen Alltag sind wir es kaum mehr gewohnt, uns aus der Komfortzone heraus bewegen zu müssen. Reisen mit dem Wohnmobil und andere Abenteuer, bei denen man nicht schon vorher weiß, wie alles funktioniert und wo man überall landen wird, helfen uns, diese Komfortzone zu verlassen. Denn, auch, wenn Komfort sehr schön und manchmal sogar notwendig für unser Seelenheil sein kann, kennen wir alle dieses Gefühl purer Freude und Aufregung, wenn wir uns auf die Suche nach etwas Neuem begeben, wenn wir uns trauen, neue Schritte zu gehen oder wenn wir etwas tun, was wir noch nie zuvor gemacht haben. Ich hoffe, dieser Ratgeber hat Ihnen zum einen die Informationen und die Sicherheit gegeben, voller Selbstvertrauen und gut vorbereitet in Ihr erstes Campingabenteuer mit dem Wohnmobil zu starten. Gleichzeitig hat Ihnen dieser Ratgeber hoffentlich auch den letzten Stoß gegeben, den Sie vielleicht brauchten, um sich auch ein wenig ins Ungewisse zu stürzen. Wir sind alle unterschiedliche Menschen – manche brauchen mehr, manche weniger Planung auf ihrer Reise. Dieser Ratgeber soll allen Menschen, egal, welcher Risikobereitschaft, bei Ihrer ersten Campingreise unter die Arme greifen. Und nun wünsche ich Ihnen viel Spaß bei Ihrer ersten Campingreise. Oder – falls Sie gerade von Ihrer Reise zurückgekommen sind – viel Erfolg beim Planen Ihres nächsten Abenteuers!

© Herstellung und Verlag:

BoD – Books on Demand, Norderstedt

ISBN: 9783753435855

© Jonas Gumbert 2021

1. Auflage

Kontakt: Psiana eCom UG/ Berumer Str. 44/ 26844 Jemgum

Covergestaltung: Fenna Larsson

Coverfoto: depositphotos.com